AF262254

PIÈCES CURIEUSES

CONCERNANT

NOTRE DAME

DE FONTENAY

PUBLIÉES PAR

BENJAMIN FILLON.

FONTENAY.

IMPRIMERIE DE ROBUCHON.

1849

PIÈCES CURIEUSES

CONCERNANT

NOTRE-DAME DE FONTENAY.

I.

Avant l'entrée des protestants à Fontenay, la veille de la Trinité 1562, le trésor de l'église de Notre-Dame renfermait plusieurs objets d'un grand prix. On peut en juger par la nomenclature suivante extraite d'une pièce du 1er avril 1550, et reproduite en partie dans un autre document du 20 janvier 1554 :

« Un vaisseau en or où l'on porte le *Corpus Domini*, avecq sa plactayne ; les chiefs de Monsieur sainct Venant et de Madame saincte Anne, en argent ; ung grand calyce d'or appelé coulpe, d'orfcbvrerie fort vieille , et une grande croix d'argent doré, avecq deux croyzons et force pierres de prix et prétieuses, sur laquelle est un crucifix de ung pied de hault. »

Tous ces curieux monuments de l'art gothique furent dispersés et détruits. En 1568, il en restait cependant encore quelques débris. Un inventaire dressé quarante-huit jours avant la destruction presque totale des établissements religieux de Fontenay, fournit sur ce sujet des détails qui ne sont pas sans intérêt.

« Inventaire des relicques, aornements et meubles de l'esglise Nostre-Dame de ceste ville de Fontenay-le-Comte, que Mathurin Bichon, cy-devant fabriqueur de la dicte esglise, a rendu et tenu compte à Maistres Jehan Baillot et Guillaume Poytier, à présent fabriqueurs. Le dict inventaire fait à la requeste des dicts susnommés et de honorable homme Maistre André Regnouf, advocat du roy et maire et capitaine de la dicte ville ; Maistres Pierre Grignon et Guillaume Joly, notaires ; Nicolas Dupont et Michel Eslard, procureurs au dict Fontenay, et de Jacques Fouchard et Germain Barreau, segretains, le dymanche dix-huitiesme jour du moys de juillet, l'an mil cinq cent soixante-huict.

» Et premièrement le dict Bichon a mis en évidence, baillé et déclairé es dicts Baillot et Poytier les relicques qui s'ensuivent, qui estaient en une grande armoyre près l'antel Saincte-Anne : Ung calyce d'argent doré partout o sa platayne ; ung aultre d'argent estant doré par le dedans la poume seulement, ayant au pied ung image de sainct Sébastien, aussy o sa platayne ; une petite châsse d'argent doré ayant cinq vitres ; une petite croix d'argent o deux croyzons ; une aultre croix plus petite aussy d'argent et ayant deux croyzons et huict pierres ; unze pierres qui étaient de la grand'croix ; une petite teste d'ymage que l'on dict estre celle du crucifix de la grand'croix ; ung petit lopin des croyzons de la dicte croix, et ung petit lopin d'argent où y a une croix attachée à un petit ruban ;

» Lesquelle choses ont esté remises en leur armoyre.

» Le dict Bichon a mis en évidence, baillé et déclairé deux chappes, une chesible, deux courtibaulx, une estolle et trois fanons de drap d'or, figuré de velours violet ;

» Item une chappe, une chesible, ung courtibault de velours rouge cramoisy, o broderies de fils d'or ;

» Item une chappe de velours cramoisy violet, aussi o broderies de fils d'or ;

» Item deux courtibaulx, deux fanons et deux estolles de velours incarnat, figurés, les dicts courtibaulx, o broderies de fils d'or ;

» Item deux chappes, une chesible, deux courtibaulx, une estolle et un fanon de damas blanc figurés o broderies de fils d'or ;

» Item un courtibault aussi de damas blanc, figuré o bandes de damas rouge ;

» Item une vieille chesible de satin blanc o broderies de fils d'or ;

» Item une chesible et un courtibault de soie à deux endroicts ; l'ung des dicts endroicts de couleur comme jaulne mêlé de fils d'or, et de l'aultre endroict estant de taffetas vert o bandes de taffetas incarnat ;

Item une chesible et deux courtibaulx de velours bleu o broderies de fils d'or, et ensemencez sur le velours d'estoilles de fils d'or ;

» Item une vieille chappe de velours noir tout pelé, o broderies de fils d'or ;

» Item une chappe, une chesible et deux courtibaulx de faulx fils d'or figuré à lozanges, ensemencez de fleurs violettes dans les rézes ;

» Item une chappe, une chesible et un courtibault de camelot noir ondé, brodé de fils d'or ;

» Item une chesible de damas noir figuré o broderies de fils d'or ;

» Item une chappe, une chesible et deux courtibaulx de layne rouge et vert, à façon de Flandres, o broderies de fils d'or ;

» Item une chesible de soie jaulne, ensemencée de fleurs de soie violette, à façon de Flandres, o broderies de fils d'or ;

» Item une chappe, une chesible et deux courtibaulx d'ostade bleue, brodez d'ostade rouge, o broderies de fils d'or à petites fleurs blanches et vertes ;

» Item une estolle et deux fanons d'ostade blanche, à petites croix d'ostade rouge ;

» Item une fort vieille chesible de damas figuré de blanc, toute deschirée ;

» Item neuf paires d'heures en parchemyn, servant à faire l'office en la dicte esglise ;

» Lesquelles choses estaient en des tyrettes estant devant l'autel Saincte-Anne, qui encores ont esté remises es dictes armoyres.

» Item de grandes armoyres estant devant l'autel et chapelle Sainct-Blayse, ont esté trouvez quatorze aulbes ou grands surpelitz de linge à prebtre ;

» Item trente-deux nappes ouvrées ;

» Item cinq douzaines et demye de nappes de toutes sortes de toile pleyne ;

» Item trois douzaines et deux courtines, tant grandes que petites et de toutes sortes ;

» Item un grand ciel neuf et deux vieulx, o franges ;

» Item ung drap servant pour parevent au grand autel, estant de toile de chanvre neuf, ayant franges de deux coustez ;

» Item dix-sept guymples de linge à couvrir les ymages ;

» Item deux douzaines quatre serviettes ;

» Lesquelles choses ont esté remises es dictes armoyres.

» Item d'aultres armoyres estant près des deux grandes portes de la dicte esglise, a esté trouvé :

» Dix pièces de parements ou devants d'autel de tapisserie et de coulleurs ;

» Item neuf oreillers tant de tapisserie, ouvragés, que de satin ;

» Item cinq touailles de linge sale ;

» Item serviettes sales ;

» Item deux aulbes ou grands surpelitz et trois aulmuces ;

» Item une guymple ;

» Lesquelles choses ont esté remises es dictes armoyres.

» Et sur les autels de la dicte esglise, accoutumez à estre serviz du linge de la dicte esglise, a esté trouvé en tout vingt-six touailles, six serviettes et trois guymples, et sur chacun des dicts autels un tapys tel que de coustume ; lesquelles choses sont encore demeurées sur les dicts autels.

» Item, un coffre estant à l'autel Saincte-Anne, a esté trouvé :

» Un parement du grand autel de taffetas rouge, o franges de soie verte, blanche et violette ;

» Item ung aultre parement faict à ouvrages de coulleur jaulne, rayé de blanc ;

» Item un ciel de camelot ondé rouge, o franges de or faulx, que l'on met à la chapelle le jour de la Feste-Dieu, avecq le fond d'icelluy estant de serge rouge ;

» Item une robe ou parement de velours rouge cramoisy que l'on met sur l'ymage de la Nostre-Dame ;

» Ce qui encore a esté serré on dit coffre.

» Item huit chandeliers de cuyvre, dont y en a quatre grands et quatre petits ;

» Item, près les armoyres des chappes, a esté trouvé quatre grands chandeliers de fer à mettre cierges.

» Les dicts Baillot et Poytier ont dict qu'ils prennent les dictes choses cy-dessus, sans aultrement se charger d'icelles, synon de faire tout debvoir pour la conservation d'icelles, etc.... Faict les jour et an sus dicts.

» Mathurin Bichon, Poytier, Joly,
P. Grignon, Baillot. »

II.

Depuis le siége de Fontenay par le duc de Montpensier, en septembre 1574, le clocher de Notre-Dame, percé par les boulets des catholiques, menaçait ruine, au grand désespoir de tous les habitants qui le regardaient comme le plus bel ornement de leur ville, et racontaient, non sans orgueil, cette facétieuse circonstance de la vie de Gargantua, où *l'aimable escholier, voulant se rigoler avecques Tourangeaux, Bretons, Poictevins et aultres joyeux compaignons,* s'assit sur le jau de la .flèche, plaça nonchalamment ses pieds sur celles de Niort et de Luçon, et se mit en devoir de faire sa ganoche de la tour de Marans.

Déjà l'église avait été réparée en 1600. Le curé René Vyon fit un nouvel appel à la générosité de ses paroissiens, et bientôt la fabrique put conclure le marché qui va suivre :

« Aujourd'huy, honorables hommes Maistres Pierre-Françoys-David Grignou et Jacques Pager, fabriqueurs de l'esglise de Nostre-Dame de ceste ville de Fontenay-le-Comte, d'une part, et Françoys de La Foye, René Robin, tailleurs de pierres, Françoys Tymonier et Mathurin Chassay, recouvreurs, demeurant aux faulxbourgs dudit Fontenay, soubsignez, auxquels les sus dicts ont faict le marché qui s'ensuit, sçavoir est que les dicts de La Foye, Robin, Tymonier et Chassay ont promis réparer le clocher de la dicte esglise de ce qui est endommagé, soyt de toutes les marches et parapets des piliers, galleries et aultres endroicts du clocher, qui a esté endommagé et ruyné par le canon et aultrement, ensemble tout ce qui est gasté de l'aguille dudict clocher, et remettre des pierres neufves, bien duhement taillées, en lieu de celles qui sont gastées et endommagées en toute l'aguille ; de rejoindre tout ce qui n'est point endommagé avecq du cyment dedans et dehors et descendre le cocq du clocher, ensemble la croix et aultre équipage eù il est soutenu, et estant racommodé de ce qu'il se trouvera endommagé, le remettront, et feront toute la dicte besoigne de bonne pierre de mesme façon et ordonnance qu'il a esté construit et basty, et fourniront de toutes matières, soyt pierres, chaux, sable, cyment, chaffaudages que aultres choses requises et nécessaires, et le tout rendront faict et parfaict bien et convenablement devant la feste Saint-Michel prochaine, et oultre mettront les pands requis sur la chappelle qui est voultée, laquelle est derrière le grand autel de ce qui en est requis, les assyront à cyment, et rejoindront aussy avecq du cyment les aultres pands de la dicte chapelle et fourniront de chaux et cyment; mais quant es pands, en prendront en l'esglise de ceux qui ont esté levez au dehu de la chapelle. Et moyennant ce que dessus, les dicts fabriqueurs ont promis bailler et payer aux dicts de La Foye, Robin, Tymonnier et Chassay la somme de *neuf cent cinquante lyvres tournois,* de la quelle somme leur sera payé cent cinquante lyvres d'icy huict jours prochains, et le parsus en faisant la dicte besoigne à mesure qu'elle se fera, et parachèveront de les payer icelle ce tant faicte et parfaicte, ce que les dictes parties établies ont stippullé et accepté.... Faict et passé au dict Fontenay, le vingtiesme jour de may, avant midy, l'an mil six cent et trois, et ont déclairé les dicts Robin, Tymonnier, de La Foye et Chassay que, pour le vin du marché, le dict François a baillé six livres.

> » P. Brisson, J. Thomas, Grignon, Françoys, de La Foye, M. Chassay, Chasteau, pour présent, Goguet, pour présent, Dubois, Jehan Aleaume, J. Pager, fabriqueur, Collardeau, A. Gallier, Lymonneau, Fradet. »

III.

On sait que Nicolas Rapin mourut à Poitiers, vers le milieu du mois de février 1608. Par l'une des clauses de son testament, il avait ordonné que son corps fût transporté à Fontenay, et déposé dans le cimetière de Notre-Dame, près de celui de Marie Poitier, sa femme. Tout dernièrement, l'un de nos amis nous a communiqué un document relatif à son tombeau. Nous avons pensé qu'il ne serait pas déplacé dans ce petit recueil, et nous allons le transcrire.

« Entre damoiselle Marye Rapin, veufve de feu Hylaire Tiraqueau, escuyer, seigneur de La Grignonnière, substitut du
procureur général au parlement de Paris, estant de présent
en sa maison de Terreneufve , d'une part, et Jehan Paistre,
tailleur de pierre, demeurant au faulxbourg des Loges de Fontenay-le-Comte, d'autre part , a esté faict le marché qui s'en-
suict, sçavoir est que ledit Paistre a promis et est convenu *de
faire premièrement une tombe sur le corps de feu Nicolas
Rapin, vivant escuyer, seigneur de Terreneufve, grand pré-
vost de la connestablie de France,* en pierre de Brelouze,
pareille et semblable à celle de la deffuncte femme du dict feu
Rapin, qui est au grand cymetière de ceste ville, fors que au lieu
des armes en figure qui sont sur la dicte tombe, il en fera de
telles que bon semblera à la dicte Marye Rapin, et la faire bien
et convenablement; plus fera aussi, le dict Paistre, une aultre
tombe placée sur le corps dudit feu Tiraqueau, qui est en l'esglise de Nostre-Dame, qui sera de pierre de Biossay ; plus fera
à une gallerie, qui est à l'entrée du logis de Terreneufve, deux
arcades et un pillier par le milieu pour porter la dicte gallerie,
et par le dessus faire, au lieu de marches de briquage, le tout
pierre de taille , et par-dessus une corniche, et faire dedans
le dict logis deux croizées pareilles et semblables à celles
qui y sont de bois; plus fera le peignon du logis de derrière le
jardin , etc.... Toute laquelle besoigne devra estre faicte devant la Sainct-Jehan-Baptiste prochaine, et faict ledict marché
moyennant la somme de trois cents livres tournois.... Faict et
passé au lieu de Terreneufve, paroisse de Nostre-Dame de Fontenay, le 29 octobre 1614, avant midy.

» M. Rapin, Joly, Grignon, pour expédition. »

IV.

René Vyon, non content d'avoir fait rebâtir en partie son église, réparer la flèche, construire la cure, voulut que le grand autel fût digne des cérémonies du culte. Après plusieurs tentatives infructueuses, il parvint enfin à rassembler une somme considérable, et les ouvriers se mirent aussitôt à l'œuvre. Voici le procès-verbal de visite et de réception d'ouvrage.

« Aujourd'hui, es présence de nous, notaires royaux soubsignez, à Fontenay-le-Comte, noble homme Maistre Pierre Thomas, lieutenant-criminel en ceste ville, et Paul Babin, advocat au dict Fontenay, fabriqueurs de l'esglise de Nostre-Dame, ont prié et requis Monsieur le mayre de ceste ville de se transporter en la dicte esglise de Nostre-Dame, pour assister et auctoriser la visite, laquelle ils veulent faire faire, avec sire Loys Poiret, maistre sculpteur et architecte, du grand autel de la dicte esglise, lequel Poiret, avecq Claude Gillot, aussy maistre sculpteur, avoient entrepris de faire et rendre parfaict, selon le dessin qu'ils avoient mis es mains des dicts sieurs fabriqueurs et qu'ils ont représenté aux fins que l'ouvrage du dict autel soit vu et visité, pour leur valloir l'acte de perfection demeuré en leur compte, pour la justification des sommes qu'ils ont perçues jusques à la concurrence de la somme de mil livres de la main de l'ouvrier, et pour plus grande somme de deniers qu'ils ont perçue pour les matériaux, charrois et autres fraiz, qu'il a convenu par la fabrique du dict autel. Lequel sieur mayre, assisté de noble homme maistre Adam Mayre et Paul Pager, conseillers du corps de ville, s'est transporté dans la dicte esglise, où a esté trouvé le dict Loys Poiret, et à faire la dicte visite ont été appelés René Robin, Jehan Paistre, maistre tailleur de pierre et architecte en ceste ville, desquels le dict sieur mayre a prins le serment au cas requis, et par iceulx la dicte besoigne ayant été veue et visitée, out déclairé par leur dict serment que les pierres sont bien et dubement assises, et la besoigne faicte et parfaicte, mais ne pouvoir juger de la perfection des figures et statues et des proportions de cet ouvrage; et ce requérant, les dicts fabriqueurs, après que le dict sieur mayre a eu prins le serment de Jehan de La Rose, peintre, demeurant en cette ville, a déclairé que son advys étant tel que les proportions pourroient estre mieux gardées et que les statues et images ont besoin d'être repolies et adoussies, et que aussy il est requis d'y estre faict et apliqué deux vases sur la corniche des deux colonnes, qui sont les dernières de chascun costé du dict autel, et que les deux vases soient conformes aux figures qui sont portées par le dessin; lequel Poiret présent a offert de faire et fournir à ses despends les dicts deux vases de trois pieds de hault, y comprins le pied d'estal, qui sera de demy pied, et aussi de repollir et adoussir les sus dictes images, et a reconnu le dict Poiret avoir été entièrement payé des dicts sieurs fabriqueurs, de la somme de mil livres, sauf trente livres......... Faict en la dicte esglise Nostre-Dame, le 15 janvier 1620, après midy.

> » J. BESLY, maire et capitaine; GABARD, vicaire; P. THOMAS, fabriqueur; P. BABIN, fabriqueur; MAYRE, PAGER, REVILLARD, J. DE LA ROSE, POIRET, LYMONNEAU, ROUSSEAU. »

L'autel et le retable construits alors furent détruits au XVIIIᵉ siècle, et remplacés par ceux que l'on voit aujourd'hui. Ils furent faits aux frais de Mˡˡᵉ Marie Brisson, qui avait donné 15,000 livres pour cet objet. « J'ay désia écrit, dit-elle dans son testament, que je voulois que M. le curé de Notre-Dame donnast, sur ce qu'il a à moy, mil escus pour des ornements à l'autel de l'église de Notre-Dame, ma paroisse; je veux que ces mil escus soient joints avec les cinq cents louis d'or, et que le tout soit employé en ornements pour le service divin. Je veux que cela soit ainsi exécuté. A Fontenay, le second décembre 1719.

» M. BRISSON. »

V.

La liste des doyens et curés de Notre-Dame est à peu près complète depuis environ quatre cent cinquante ans. Il serait peut-être même possible de la faire remonter au-delà, car plusieurs noms isolés ont été conservés. Nous reviendrons plus tard sur ce sujet. Aujourd'hui nous nous contenterons de mentionner ceux qui existèrent entre 1550 et 1671, période à laquelle se rapportent les pièces que nous publions.

François Tiraqueau, écuyer, seigneur de Gâtebourse, fils d'André, fut nommé curé de Fontenay vers 1552. Il fut remplacé, en 1577, par Etienne Jouyn, qui répara la cure et fit faire quelques restaurations à l'église et au clocher.

En 1583, Pierre Hullin, chanoine de Notre-Dame de Poitiers et curé de Petosse, succéda à Jouyn. Il était bon musicien et se faisait un revenu assez considérable à parcourir deux ou trois diocèses avec des orgues dont il jouait les jours de fête, moyennant une certaine rétribution. Après la prise de Fontenay par Henry de Navarre, on n'entendit plus parler de lui.

Hullin paraît avoir conservé le titre de curé de Notre-Dame jusqu'en 1587; cependant, en 1585, René Ferrand reçut les bulles qui le nommaient à sa place, et exerça les fonctions de curé.

René Vyon prit possession de la cure au commencement de 1592. Jusqu'en 1600 il dit la messe à Saint-Nicolas, parce que Notre-Dame était en ruine. Il mourut à la fin de 1619.

Le 11 janvier 1620, René Mignot, licencié en théologie, curé de Saint-Hilaire-de-Nalliers, fut nommé.

Jacques Vaslin, docteur en Sorbonne, prit la place de René Mignot en 1627.

Trois ans plus tard, L. Bail, docteur en Sorbonne, lui succéda. Celui-ci ayant donné sa démission,

René Moreau, bachelier en théologie, entra en fonctions le 8 septembre 1631.

A la fin de décembre 1634, Mathurin Coupperie, licencié en droit, fut fait curé de Notre-Dame. Il mourut le 26 septembre 1644.

Le jour de la Saint-Michel de la même année, René Moreau reprit possession de la cure, qu'il conserva jusqu'à sa mort, arrivée le 28 janvier 1671.

Acte de prise de possession de la cure de Notre-Dame par René Moreau.

Aujourd'huy, huictiesme jour de septembre l'an mil six cents trente-un, environ heure de huict heures du matin, pardevant nous témoins cy soubsignés, est comparu et s'est présenté de sa personne maistre René Moreau, bachelier en théologie, prebtre, curé de Nostre-Dame de cette ville de Fontenay-le-Comte, le quel, par vertu de ses lettres de provision par luy obtenues en cour de Rome, sous la date du vingt-sixiesme juin 1631, et du visa de monseigneur le révérand évesque de Maillezais, en date du huictiesme septembre ondict an, signé Henry, évesque de Maillezais, et plus bas, Sauvestre, secrétaire, et scellé à cejourd'huy, en présence de nous, prins et appréhendé possession réelle, actuelle et corporelle de la dicte cure de Nostre-Dame, par l'ouverture de la porte et entrée principale de la dicte esglise de Nostre-Dame, aspersion de l'eau bénite, ouverture du livre missel, son de la cloche, flexion de genoux devant le grand autel, et bésement d'icelluy, a allumé et éteint un cierge, et faict sçavoir aux présents habitants de cette paroisse qu'il estoit duhement pourvu de la dicte cure, tant par vertu de la dicte bulle que visa par luy obtenu sur scellé ; et ce faict, le dict Moreau, curé, en nostre présence s'est transporté es maisons de la dicte cure, où estant, a ouvert les portes, a allumé du feu et est entré en toutes les chambres du logis, s'en est allé en toutes les dépendances d'icelluy, et faict aussi tous autres actes de prinse de possession requis et nécessaires, dont de tout le dict Moreau nous a requis acte, que lui avons octroyé, pour luy valoir et servir en temps et lieu ce que de raison, et dire qu'à la dicte prinse de possession n'y a eu aucun empeschement. Faict et passé en ladite esglise et logis de la dicte cure de Nostre-Dame de cette ville, le dict huictiesme jour de septembre ondict an mil six cent trente-un.

> R. MOREAU,
>
> ANTOINE GABARD, prestre, curé de Saint-Médard-des-Prés ; GILLES RENOULT , vicaire de la dicte esglise de Nostre-Dame; JEAN BOUDIN , diacre, et servant en la dicte église ; JULIEN BAUDON , paroissien ; PIERRE BONNET , et NICOLAS JOLY.

Antoine Gabard était oncle à la mode de Bretagne de René Moreau. Il mourut à la cure de Fontenay, le 29 juin 1633.

VI.

Nous avons parlé plus haut du tombeau de Nicolas Rapin. Une autre pièce nous permettra d'indiquer la place où reposent les restes de Jean Besly.

« Sachent tous que, en la cour du scel royal aux contracts à Fontenay-le-Comte, ont esté présents et personnellement establis en droict, M. maistre Jean Aleaume, conseiller du roy et son lieutenant particulier au siége royal de cette ville, mayre et capitaine d'icelle ; Françoys Macauld, escuyer, seigneur des Fontenelles, conseiller du roy et son lieutenant de robe courte en la maréchaussée ; maistre Jean Granger, procureur au dict siége, fabriqueurs de l'esglise et paroisse de Nostre-Dame ; le dict sieur des Fontenelles estant l'année présente en exercice, d'une part ; et damoiselle Claude du Boullay, veuve en première nopces de noble homme Jean Aleaume, et en secondes de noble homme Jean Besly, vivants tous deux conseillers et advocats du roy au dict siége, d'autre part, demeurant les parties en cette ville, entre lesquelles a été convenu et accordé ce qui s'ensuit : sçavoir est qu'icelle dicte damoiselle du Boullay, portée d'un bon désir de contribuer à la construction et bâtiment des voultes de la dicte esglise de Notre-Dame, promet et s'oblige bailler et délivrer aux dicts sieurs fabriqueurs, et à vénérable personne messire René Moreau, docteur (bachelier) en théologie, prestre, recteur curé de la dicte esglise, la somme de deux cents livres, y compris ce qu'elle a déjà baillé, *à la charge qu'elle et les siens auront droict de sépulture en l'emplacement de la quatriesme voulte, joignant celle qui est sur l'autel de Nostre-Dame de Saincte-Anne, et où sont enterrez les dicts deffuncts sieurs Aleaume et Besly,* et qu'il ne se pourra faire en le dict emplacement de la dicte quatriesme voulte aucune nouvelle sépulture au lieu et endroict où elle et ses dicts deffuncts maris auront esté enterrés, qu'elle pourra mettre ses armes à la clef d'icelle..... etc. Fait et passé en la maison de la dicte damoiselle, ce 11 octobre 1648, en présence et du consentement du dict sieur Moreau.

> CLAUDE DU BOULLAY, J. ALEAUME, F. MACAULD, R. MOREAU, curé, BONNET, BÉRARD. »

Le 7 octobre 1792, le conseil général de Fontenay ayant ordonné la destruction des armoiries et emblèmes de l'ancien régime, l'officier municipal auquel avait été confiée l'exécution de l'arrêté fit briser les inscriptions tumulaires que contenait Notre-Dame , et celle de Jean Besly ne fut même pas épargnée. Il serait à désirer qu'une simple plaque de marbre noir marquât le lieu de la sépulture de cet homme estimable , dont le nom est si justement vénéré.

La réparation des voûtes dont il est fait mention dans l'acte précédent ne fut pas exécutée. René Moreau avait en effet songé à les faire rétablir en pierres , comme elles étaient primitivement, mais la fabrique recula devant une pareille dépense, et l'on se contenta de les construire en bois. Le 25 juillet 1650 , Nicolas Macquin , lieutenant-général civil et criminel au siége royal ; Nicolas Pichard , receveur en l'élection , et François Collin, apothicaire, tous trois fabriqueurs de Notre-Dame, chargèrent Louis, Jean et Jacques Sire , maîtres charpentiers , et Jean Logeais , peintre sculpteur, d'exécuter les travaux , moyennant 2,560 livres tournois. Les planches furent peintes en blanc , et un *Jesus Maria* d'or sur fonds d'azur fut placé à la clef de la première arcade.

VII.

Nous donnerons , en terminant , le texte du récépissé que René Moreau , les fabriqueurs et habitants de la paroisse donnèrent à Pierre Charrieu lorsqu'il fit présent de la châsse destinée à renfermer les reliques de saint Venant. C'est en quelque sorte un compte-rendu de tout ce qui se passa à l'arrivée de ces reliques , qui avaient été données à l'église de Notre-Dame par les moines de Saint-Germain-des-Prés.

« Aujourd'huy , neufviesme octobre mil six cent cinquante-trois, Pierre Charrieu , escuyer, seigneur de Fief-Lambert , s'est transporté par devers vénérable et discrète personne Messire René Moreau , bachelier en théologie de la faculté de

Paris, curé de l'esglise de Nostre-Dame de ceste ville de Fontenay-le-Comte; Louis Martineau, escuyer, seigneur du Port, conseiller du roy, et son lieutenant-général criminel au dict Fontenay et bas pays de Poictou ; noble homme Pierre Guinefolleau, conseiller du roy, l'un de ses eslus en l'eslection de cette dicte ville , et maistre Mathieu Chatevere, procureur es cour royale du dict Fontenay, tous fabriqueurs de l'esglise de Nostre-Dame; le dict sieur Chatevere faisant , du consentement du dict sieur curé et habitants, la charge de fabriqueur l'année présente , au lieu et place de deffunct maistre René Chatevere, son frère, aussy procureur es dite cour , déceddé, au grand regret du dict sieur curé et habitans, dans l'exercice actuel de la dicte charge , de laquelle il s'acquittoit très-dignement, le dix-neufviesme de septembre dernier , a dit, parlant à eux, le dict sieur de Fief-Lambert au logis presbytéral de la dicte esglise de Nostre-Dame, leur auroit faict entendre que pour la bonne dévotion qu'il porte au glorieux saint Venant , l'un dés patrons ou titulaires de la dicte esglise, il auroit depuis longtemps recherché les moyens d'en donner quelques preuves, et d'aultant que en l'année M. DC. LI. les dicts habitans , meus de dévotion envers le dict sainct Venant , auroient obtenu de Messieurs les vénérables religieux de l'abbaye royale de Sainct-Germain-des-Prez-lez-Paris , une notable portion du corps sainct d'icelluy sainct Venant, *qui est une partie de l'os tibial , de la longueur de six poulces ,* qui est une précieuze relicque très-chère à toute ceste ville, comme gage asseuré de la protection et faveur du dict sainct devers Dieu, pour toute la ville, faulxbourgs et pays circonvoisins, la dicte relicque ayant esté reçeue solennellement avec dheue vérification par Monseigneur l'illustrissime et révérendissime premier évesque de La Rochelle (Jacques-Raoul de La Guibourgère), qui en avoit fait en personne l'exposition publicque dans une procession générale qu'il fict expressément le dixiesme jour du mois d'octobre mil six cent cinquante et ung, vigille de la feste du dict sainct, comme

du tout appert par le procès-verbal qui en auroit esté authenti-
quement faict par mon dict seigneur l'évesque, et déposé es
archives et trésor de la dicte esglise. Le dict sieur Charrieu
ayant considéré que, pour la pauvreté de la dicte fabrique, la
dicte précieuze relicque aurait esté mise en un relicquaire de
bois doré, lequel, quoique décent et honneste, ne respon-
doit pourtant pas à la dignité et valeur d'une chose si précieuze,
auroit despuis deux moys en ça faict faire à ses frais, en la ville
de Paris, une châsse ou relicquaire d'argent du poids de six
marcs trois onces, y compris sept onces deux gros de cristaux
fins, et a icelle dicte châsse présenté aux dicts sieurs fabriqueurs, en présence du dict sieur curé, les priant de la recep-
voir, pour mettre en icelle et conserver la dicte saincte relicque.
Ensemble la somme de soixante livres tournois qu'il a pré-
sentement baillée au dict sieur Chatevere, fabriqueur en charge,
pour employer à la construction que l'on se propose de faire
en brief d'un contretable d'autel avec tableaux et autres ornements en l'honneur du dict sainct Venant. Ce qui a esté accepté
par les dicts sieurs curé et fabriqueurs, avecq actions de grâces
au dict sieur Fief-Lambert, comme d'un présent très-honneste
et considérable pour la dicte esglise, et, par recognoissance,
ont, les dicts sieurs fabriqueurs, consenti à la demande du dict
sieur de Fief-Lambert, qui a désiré que tous les ans, lendemain
de la dicte feste de sainct Venant, il soit dict et célébré à son
intention, à l'autel du dict sainct, une grande messe chantée à
perpétuité, à l'heure qui sera plus commode, aux frais de la
dicte fabricque. A quoy les dicts sieurs fabriqueurs, par l'advis et
consentement du dict sieur curé et des habitans paroissiens soubsignez, ont obligé et obligent le temporel de la dicte fabricque... Faict et passé au logis presbytéral, le dict jour neufviesme d'octobre 1653, après midy.

» R. MOREAU, prestre, curé de la dicte esglise ;
CHARRIEU, MARTINEAU, GUINEFOLEAU,

CHATEVERE, BRISSON, MACQUIN, JOLLY, J. MOREAU, BILLAUD, PICHARD, BÉSLY, FRADET, AGROUÉ, maire, PRIOUZEAU, DENFER, BRISSETEAU, ROBERT, PASCAUD, MESNARD, FRANÇOIS, BAUDOUIN, JOUSSET, GRIGNON, ARBER, BÉRARD, GRANGER, procureur syndic des habitans, RENAUD, DAUDETEAU, BAUDOUIN, J. GANACHEAU, FRÈRE, CHATEVERE, ESTIENNE HULLIN, MOREAU, GRELIER, COSSET, FÈVRE, BERTHELLOT, RAISON, BAUDON, BENESTEAU, BENESTEAU.

9 782013 023931